AF292077

Chris Hohlstamm von Dehnen

Wie Sie spielend Ihr Traumleben verwirklichen

und innerlich & äußerlich reich werden!

Mit Schritt-für Schritt-Anleitung

Impressum

Bibliografische Information der Deutschen Nationalbibliothek:
Die Deutsche Nationalbibliothek verzeichnet diese Publikation in der Deutschen Nationalbibliografie; detaillierte bibliografische Daten sind im Internet über http://dnb.dnb.de abrufbar.

Copyright © Mein Lebensfreudeverlag / Chris Hohlstamm von Dehnen z.W.
Alle Rechte vorbehalten.
Ausgabe: 1. Auflage 10.2023

Lektorat: Dr.-Ing. B. Grabe
Layout: Chr. Hohlstamm von Dehnen, Dr.-Ing. B. Grabe
Korrektorat: Dr.-Ing. B. Grabe, Mein Lebensfreudeverlag
Herstellung und Verlag: BoD – Books on Demand, Norderstedt
ISBN: 9783757889265

Inhaltsverzeichnis

VORWORT & EINFÜHRUNG

Ihr Traumleben zu verwirklichen kann so einfach sein, und das ist es auch!

Doch die meisten Menschen denken ganz einfach viel zu kompliziert und meinen für Wohlstand müsste man ordentlich schwitzen, andere betrügen oder er geschieht durch Zufall!

Das dachte ich früher auch einmal, und ich habe mächtig viel gearbeitet und sehr viel geschwitzt! Betrügen war nicht in meiner Vorstellung, aber dafür habe ich im Laufe meines Lebens schwer Federn gelassen!

Wie Sie sicherlich schon wissen, hat uns glücklich-sein und wie man sein Traumleben verwirklicht, so gut wie keiner beigebracht! Man ging oder geht davon aus, dass sich da jeder selbst drum kümmert, was auch vollkommen richtig ist und genauso selbstverständlich!

Liegt es doch in jedem Wesen verankert, dass es sich selbst erhält und dafür sorgt, dass es von allem hat, um zu überleben. Und wenn es etwas mehr ist als genug, spricht man von oder empfindet man Glück! So der offensichtliche Glaube oder das Verhalten. Inwieweit das an das gewünschte Traumleben heranreicht, ist individuell!

Aber ein Traumleben und Glück hat überhaupt nichts mit den äußeren Umständen oder Begebenheiten zu tun, sondern mit dem, was da in Ihnen stattfindet, womit Sie sich identifizieren!

Wenn wir im Leben das Gefühl haben, wir stehen an der richtigen Stelle, wir haben so gehandelt, wie es sich unser tiefstes Inneres wünscht, der Seelenauftrag, wie man auch oft so schön sagt und denkt, dann entsteht Glück, bzw. wird uns Glück zuteil, weil es einfach plötzlich da ist! Und so manch einer definiert das als sein Traumleben, wenn er mehrfach Glück hat oder Glück erlebt!

Für beides braucht es aber eigentlich keine äußeren Umstände, kein tolles, großes Auto, kein Haus mit Pool, kein Geld und auch keine anderen Reichtümer. Das sind nur Impulse, die uns bewusst machen wollen, dass das Glück und Wohlstand bereits in uns sind, und wir nur zu Bewusstsein kommen müssen, um Glück und Wohlstand zu empfinden!

Genau darauf zielt dieses Buch ab, dass Sie nicht im Außen Glück haben oder auf die äußeren Dinge angewiesen sind, um Glück zu „haben" und Wohlstand zu empfinden, sondern, dass diese Ihnen die notwendigen Impulse und Hinweise für Ihr Leben geben, damit Sie wissen, dass Sie so wie Sie sind, ohne besonderes Gehabe und ohne besondere Stellung, vollkommen richtig und gut sind!

Und wenn Sie wollen, können Sie da sofort stehen und sofort glücklich sein und Wohlstand erleben! Nichts ist leichter als das! Wie das geht, zeige ich Ihnen hier in diesem Buch! Und alles das, was Sie im Außen noch dazu bekommen, spiegelt nur wider, wie reich Sie an Glück und Wohlstand in sich sind!

Innen > reich = außen > reich!

Ein einfaches geistiges Gesetz der Resonanz!

Nichts kann Sie glücklich machen, und auch Wohlstand und Reichtum kann nicht zu Ihnen kommen, wenn Sie ihn nicht geschehen lassen! Und alle Belohnungen vom Leben in der äußeren Welt, sind eine Bestätigung, dass Sie scheinbar auf dem richtigen Weg sind, wobei das so auch nicht ganz stimmt!

Denn selbst wenn, Sie im Außen alles verlieren, könnten Sie noch glücklich sein, weil Sie den Reichtum in sich tragen und alles neu erschaffen können! Verwechseln Sie also nicht die äußere Scheinwelt, mit dem echten und tatsächlichen Sein, was Sie in dieser Schöpfung repräsentieren!

Dieses Buch, genauer gesagt der Inhalt, soll und kann Ihnen helfen, Ihr Leben extrem angenehmer und schöner zu machen! Die Garantie dazu tragen Sie in sich!

Aber es gibt einen Haken, wie Sie sich sicherlich schon gedacht haben!

Und der Haken ist:

Sie müssen die Inhalte auch **umsetzen**, denn sonst bleibt alles beim Alten und nichts wird aus Wohlstand oder Glück!

Oder wie Einstein so wundervoll erleuchtend sagte:

Die reinste Form des Wahnsinns ist es, alles so zu lassen und genauso weiterzumachen, und neue Ergebnisse zu erwarten!

Das wird also so nicht funktionieren, wenn Sie nichts ändern!

Darum ergreifen Sie jetzt die Chance, die Ihnen das Leben hier mit diesem Buch bietet! Denn Sie sind nicht zufällig darauf gestoßen, sondern Ihr Leben hat es Ihnen gebracht!!

Ergreifen Sie also am besten **heute und jetzt** die Chance, mit den Inhalten hier Ihr Leben in allen Bereichen zu optimieren, zu verbessern und am besten auf ein neues Level zu heben, denn, wie mein Freund Kurt Tepperwein einmal zu mir sagte:

Das Leben ist dafür da, damit es Freude macht!

Und richtig! **YES!**

Wenn Sie keinen Spaß an und in Ihrem Leben haben, dann machen Sie einfach nur irgendetwas fürchterlich verkehrt!

Und damit Sie ab sofort alles besser und richtiger machen, dazu soll Ihnen dieses Buch hier verhelfen!

ABER: Sie müssen umsetzen, sonst bleibt alles beim Alten!

Also los geht's! Geben Sie alles, bevor noch mehr Lebenszeit einfach so an Ihnen ungenutzt vorbeizieht, während Sie vielleicht mit irgendeinem nebensächlichen Unsinn oder Sorgen beschäftigt sind!

Geben Sie Gas!!

Und für das und beim Umsetzen wünsche ich Ihnen ganz viel Erkenntnis und Spaß! So viel wie geht!

EFFEKTIVE BAUSTEINE FÜR GLÜCK

Selbstbewusstsein
Selbstvertrauen
Schöpferenergie

Damit Glück und Reichtum, oder auch Wohlstand statt-finden kann, braucht es Bewusstsein! Ihr Bewusstsein!

So viel dürfte Ihnen bis hierhin klar sein, und vielleicht wussten Sie das auch bereits vorher! Aber Bewusstsein allein reicht noch nicht ganz, in der Welt der Erscheinungen, die auf Bewusstsein reagiert, sondern auch auf Selbstvertrauen und auf aktive und bewusste Schöpferenergie!

Vielleicht ist Ihnen schon einmal aufgefallen, dass Sie Ihre gesamten Lebensumstände frei bestimmen können(?)!

Und immer dann, wenn Sie Ihr Leben in die Hand genommen haben, ist genau das passiert, was Sie wollten.

An dieser Stelle sagen viele „Nein, nur zum Teil"!

Das liegt aber nicht daran, dass Sie nicht vollkommen sind oder gar ein schlechter Mensch, der nur Teile von Glück und Wohlstand verdient hat, sondern an zwei anderen wesentlichen Faktoren, die den Grad der Erfüllung Ihrer Wünsche und Vorhaben, in Ihrem Leben bestimmen!

Der eine Faktor heißt:

Selbstvertrauen, der andere Selbstbewusstsein!

Ihre Schöpferenergie kann in Ihrem Leben nur so viel und nur den Teil hervorbringen, wie er im Grad von Selbstbewusstsein und Selbstvertrauen erfüllt ist!

Das bedeutet ganz klar:

Je mehr Selbstbewusstsein Sie haben und je mehr Selbstvertrauen Sie in eine Situation bringen, damit einen Augenblick erfüllen, um so echter, um so authentischer wird Ihr Leben und alles, was darin stattfindet!

Wenn Sie jetzt noch das Gesetz und die Praxis der Resonanz dazunehmen, dann ist das, was Sie zurückbekommen, im Grad der Fülle so beschert, wie Ihr derzeitiger geistiger Zustand es darstellt!

Noch einmal zum Mitschreiben:

Wenn Sie mit einer gehörigen Portion Selbstbewusstsein und Selbstvertrauen in eine Lebenssituation hineingehen und hier Ursachen setzen, wie es hundert bis tausendfach am Tag bei Ihnen und bei allen anderen Lebewesen geschieht, dann ist der Erfolg und das Selbstwertgefühl, dass Sie haben, natürlich ein anderes, als wenn Sie mit einem mangelnden Selbstbewusstsein und mangelndem Selbstvertrauen handeln!

Und das Glück, dass Sie empfinden, wenn Sie die Wirkung Ihrer gesetzten Ursachen in Empfang nehmen, spiegelt dann ebenso den Grad an Erfüllung wider!

Es reicht also nicht, sich im Leben irgendwo hinzustellen, wo es schön ist, und Sie sind glücklich!

Vielleicht haben Sie das schon einmal in einer Lebenssituation erlebt: Sie wollten unbedingt an einem ganz bestimmten Ort Urlaub machen und hatte sehr hohe Erwartungen, dass Sie das unendlich glücklich macht. Dann sind Sie angekommen und merkten, ups, so toll ist es nicht!

Oder Sie hatten einen Ding-Wunsch. Sie wollten unbedingt etwas ganz Bestimmtes besitzen, weil Sie ganz fest dachten und glaubten, wenn Sie das besitzen, dann sind Sie glücklich.

Dann trat das „Ding", das gewisse materielle Etwas, in Ihr Leben und Sie sind fürchterlich aufgewacht, weil Sie gemerkt haben, dass Sie der Besitz überhaupt nicht glücklich macht, vielleicht sogar manchmal auch zusätzlich belastet hat, weil Sie sich Gedanken machen mussten, wie Sie das Wunschobjekt wieder loswerden!

Es geht also nicht um blankes Besitzen oder Zustände im Außen, sondern primär um das, was in Ihnen vorhanden ist und in Ihnen wächst oder wachsen darf!

Wenn Sie sich weiterentwickeln und nach einem halben Jahr oder einem Jahr bemerken, dass Sie extrem selbstbewusster geworden sind, ist das im Außen erst einmal nicht sichtbar.

Aber Sie fühlen das gestärkte Selbstbewusstsein und Selbstvertrauen in sich, und es macht Sie glücklich!

GLÜCK ALS DAUERAUFTRAG ZIELSICHER VERURSACHEN

Positiv denken, Motivation erschaffen, holen und leben, genießen können, Sein – statt Haben!

Haben Sie jetzt verstanden, was Glück bedeutet, kann es zielführend sein, Glück als Dauerauftrag an das Universum zu schicken. Aber das schickt es Ihnen nur zurück, wenn Sie tief in sich fühlen, dass Sie es verdient haben.

Wenn Sie Glück nicht empfinden können und rein rationell behandeln, betrachten und damit handeln, können Sie niemals glücklich werden. Denn Glück sitzt nicht im Kopf und wird auch nicht dort erzeugt, sondern kommt aus dem Bauch und wird nur als Impuls ins Gehirn geliefert!

Vergleichbar mit der Hand auf die heiße Herdplatte zu fassen. Noch bevor das Signal im Hirn angekommen ist, dass der Griff auf die heiße Herdplatte wehtut, wurde das Signal von der Hand erst an Ihr Rückenmark gesendet. Das gab dann den Befehl, die Hand zu bewegen, zurückzuziehen, und erst dann kam das Signal im Hirn an „heiß, autsch".

So entsteht Glück als Dauerauftrag im Bauch, im Herzen, impulsiviert (neues Wort von mir) von positivem Denken, von Motivation, von Leben genießen wollen/können/machen, und von Ihrem ganz persönlichen Sein, statt zu haben!

Darum lassen Sie den Dauerauftrag „Glück" an das Universum, aus Ihrem Bauch und aus Ihrem Herzen entstehen, fließen.

Und lassen Sie Ihre Ratio nur die Stellschrauben dafür in die entsprechende Richtung bewegen!

Wie Sie das genau machen, erkläre ich Ihnen hier im Buch, mit der genauen praktischen Schritt-für-Schritt-Anleitung!

Platz für Ihre Notizen:

Glück empfangen (können)

Das Verursachen allen Glücks der Welt nützt nichts, wenn Sie nicht bereit sind, auch das Glück, dass Ihnen das Universum in Form von Resonanz zurückschickt, quasi als Lohn für Ihr „richtiges" Sein, wenn Sie nicht bereit sind, das anzunehmen, in Empfang zu nehmen!

Ich kenne nach über 30 Jahren Praxis viele Menschen, die täglich 12 Stunden oder auch mehr dafür kämpfen, einmal ein wenig Glück zu haben, in welcher Form auch immer. Aber wenn das Leben nun kommt, um sie zu entlohnen, dann sind sie zu beschäftigt, den Lohn bewusst anzunehmen. Sie sehen alles, nur nicht das, was sie gerade erhalten könnten!

Paradox, oder?

Nehmen Sie sich also auch Zeit, Glück empfangen und empfinden und auch um Glück verarbeiten zu können! Sonst macht Glück in Ihrem Leben wenig bis keinen Sinn! Und da das Leben fair ist, werden Sie, wenn Sie Glück zwar verursachen, aber nicht annehmen und verwerten, kein Glück mehr haben/bekommen!

Die Schöpfung verabscheut ein Vakuum. Sorgen Sie dafür, dass Sie in der Fülle leben, in dem Sie innerlich in der Fülle leben, anstatt 16 Stunden am Tag blind für Glück zu kämpfen.

Dann fließt Ihnen auch ganz und vollkommen automatisch und SELBSTverständlich GLÜCK zu!

DIE SCHRITT-FÜR-SCHRITT-ANLEITUNG

Und hier die ist Schritt-für-Schritt-Anleitung, damit Glück also auch praktisch in Ihrem Leben kein Glück mehr ist, sondern bewusst verursacht und gewollt ist!

Das Beste ist, ganz einfach zu tun, und nicht darüber nachzudenken oder es zu zerdenken, ob die nachfolgenden Übungen gut sind, etwas bringen oder nur esoterischer Unsinn sind!

Einfach machen und den Rest erledigt Ihr Leben und alle im Universum wohnende Energie!

OK?

Gut!
Dann los!

Platz für Ihre Notizen:

1. MORGEN-RITUAL

Mit Bewusstsein aufwachen,
bewusst dankbar sein,
bewusst atmen,
bewusst freuen auf das Neue!

Die meisten Menschen wachen morgens auf und wissen überhaupt, und es wird ihnen auch überhaupt nicht bewusst, welches Glück sie haben, dass sie aufwachen!

Manche haben das Pech, wachen morgens auf und merken, dass sie tot sind, zumindest ihr Körper!

Wenn Sie das hier lesen, wissen Sie, dass Sie heute Morgen echtes Glück hatten, sonst wären Sie nicht hier! Sie haben also allen Grund, dankbar zu sein! Und je dankbarer Sie sind, wenn Sie morgens wach werden, umso erfüllter wird und ist Ihr Leben! Wer es nicht glaubt oder nachvollziehen kann, der tut es ganz einfach einmal!

Wenn Sie also morgen früh aufwachen, und ich drücke Ihnen alle verfügbaren Daumen, dass Sie das in und mit Ihrem Körper tun, dann nehmen Sie sich Zeit, wirklich aufzuwachen!

Hiermit meine ich ganz bewusst die Reihenfolge

1. Ihr Geist, Ihr Bewusstsein, und
2. Ihren Körper.

Nehmen Sie ganz klar und bewusst Ihren Geist in Besitz! Spüren Sie, dass Sie einen haben und erfahren Sie ganz bewusst, dass Sie mit diesem Geist alles in Besitz nehmen können!

Nachdem Sie jetzt bei Bewusstsein sind, nehmen wir es zumindest einmal an, beginnen Sie Ihren Atem bewusst wahrzunehmen! Spüren Sie, wie der kosmische Atem Sie atmen lässt!

Atmen Sie nicht selbst, sondern lassen Sie den Atem bewusst kommen und gehen! Die Betonung liegt hier auf „kommen lassen", nicht selbst machen!

Und auch hier versuchen Sie wieder das Gefühl von Dankbarkeit zu spüren, danke, dass Sie durch den Kosmos beatmet werden, ganz automatisch und gleichmäßig!

Allein nur das und bis hierhin, müsste schon ein wunderschönes Erlebnis sein, wenn Sie es BEWUSST geschehen lassen!

Gehen wir weiter zum nächsten, zum zweiten Schritt in ein Leben voller Glück!

Platz für Ihre Notizen:

2. IHREN KÖRPER DANKBAR IN BESITZ NEHMEN

Alle 100 Billionen Zellen begrüßen
und erfrischen, motivieren!

Ihr Körper besteht aus ca. 50 bis 100 Billionen Zellen, die alle mit IHREM Bewusstsein erfüllt sind oder auch nicht!

Wenn Sie diesem wahnsinnigen Publikum nicht sagen, wo es lang geht und was zu tun ist, wer dann?

Aber das ist eigentlich keine Frage! Denn wenn Sie den 100 Billionen Zellen, die in jedem Moment alle darauf warten, was sie tun sollen, nicht mitteilen, was sie tun sollen, dann machen sie das, was ihnen Ihr Unterbewusstsein sagt!

Das ist in erster Linie nicht schlecht, denn alle Körperfunktionen werden nicht von Ihrem Bewusstsein, sondern vom Unterbewusstsein gesteuert. Ansonsten hätten Sie täglich unendlich viel zu tun, wie sich um Puls, Herzschlag, Atmung, Entschlackung und Entgiftung, Versorgung mit Nährstoffen, Ausscheidung und vielem anderen zu kümmern!

Hier nimmt Ihnen Ihr Unterbewusstsein also schon einmal eine Menge Arbeit ab!

Dennoch haben Sie einen großen Einfluss auf Ihren Körper, was Sie unweigerlich bemerken werden, wenn Sie Ihren Körper, und gehen wir einmal in die Masse, wenn Sie Ihr gesamtes Publikum jeden Tag voller Freude begrüßen und motivieren!

Sie wachen also morgens auf und kommen zu Bewusstsein, gehen in Ihr Bewusstsein!

Danach nehmen Sie ihren Körper ganz bewusst in Besitz, mit Ihrem Geist, mit Ihrem Bewusstsein, und spüren in Ihren Körper voller Dankbarkeit hinein, wie sich dieser heute Morgen anfühlt!

Wenn ich Dankbarkeit schreibe, dann meine ich auch Dankbarkeit! Die meisten Menschen denken zwar, aber das Fühlen und Erfühlen ist verkümmert, weil sie ihren Kopf mehr als notwendig arbeiten lassen!

Also **FÜHLEN** Sie bitte an erster Stelle, bevor Sie überhaupt denken! OK?!

Sprechen Sie mit Ihrem Körper, gerne auch laut!

Sprechen Sie zu den 100 Billionen und teilen Sie diesen mit, wie froh und glücklich Sie sind, dass diese heute ihre Arbeit machen, motiviert, frisch und voller Power sind!

Hört sich das komisch für Sie an?

Kein Problem, so dachte ich auch vor 30 Jahren!

Und wenn mir das einer gesagt hätte „sprich mit den 100 Billionen" dann hätte ich mir auch an die Schläfe gefasst und still gedacht, dass der Autor sie nicht alle hat!

Heute weiß ich aber, dass genau das, also die Energy, in Ihren Zellen ankommt, und diese auf Ihre Gedanken und Worte, auf Ihre gedachte Lebensenergie REagieren! Darum, wie zuvor erwähnt, nicht nachdenken – **MACHEN**!

Und dann werden auch SIE ganz interessante und glückliche Momente, Augenblicke haben, und ein ebensolches Leben, mit Ihrem Körper, in dem Sie wohnen und der Ihnen treu 60 bis 100 Jahre täglich zur Verfügung steht und seinen Dienst verrichtet!

Dankbarkeit und ein bestimmter Aufwand für Ihren Körper ist also durchaus angemessen und auch angebracht! Allein das Ergebnis ist berauschend und ich hoffe, Sie machen ebenso diese Erfahrungen, wie viele vor Ihnen!

Gut! Weiter geht es mit einem meiner liebsten Morgen-Übungen, dem Spiegel-Ritual!

„Dankbarkeit ist das Tor zum Wohlstand!"
Chris Hohlstamm von Dehnen

Platz für Ihre Notizen:

3. SPIEGEL-RITUAL

Ich liebe Dich!
Ich danke Dir!
Ich segne Dich!

Diese Übung macht irre Spaß und ist recht einfach!

Nachdem Sie alles Vorherige erfolgreich getan haben, gehen Sie ins Badezimmer vor den Spiegel, oder vor irgendeinen Spiegel. Dort schauen Sie hinein und sehen, mit Fokus, in Ihr linkes Auge, das Herzauge!

Versuchen Sie sich selbst ganz tief in die Augen, in das linke Auge zu schauen, und wenn Sie das Gefühl haben, Sie sind gerade ganz nahe bei sich selbst angekommen, dann sagen Sie sich selbst, dass Sie sich lieben!

Entweder „ich liebe dich", oder „ich liebe mich". Die Dich-Form hat sich eher bewährt und bringt bessere Ergebnisse, da sich hier die meisten von sich selbst angesprochen und angenommen fühlen.

Diesen Ihren Liebes-Satz, Liebesbekundung, sagen Sie sich selbst, mit dem intensiven Blick in Ihr linkes Auge so lange, bis Sie nicht umher kommen und ein breites Lächeln in Ihrem Gesicht feststellen.

Ein Lächeln, gepaart mit einem Gefühl von Kribbeln und absoluter hoher Motivation, wie Schmetterlinge im Bauch und so, als könnten Sie gerade Bäume ausreißen, voller Power und innerem Glück!

Wenn Sie diesen Zustand erreicht haben, heißt es nicht aufhören, sondern noch mindestens 30 Sekunden so weiterzumachen, bis sich diese tiefe Liebe, gefühlt als tiefes Glück, manifestiert hat, Sie es greifen können und Sie sich regelrecht energetisch geladen fühlen!

Haben Sie dieses Ziel erreicht, danken Sie sich selbst und segnen Sie sich, einfach mit dem Satz „ich segne dich und deinen Tag und allem, wem und was du heute begegnest"!

Fertig!

Weiter geht`s zur nächsten Übung, der „Licht- und Golddusche"!

Platz für Ihre Notizen:

4. DIE GOLDDUSCHE

Loslassen, was du nicht bist,
erfüllen und umhüllen lassen,
mit dem Segen von Licht und Liebe!

Eigentlich ebenso einfach und leicht, wie die Liebesübung! Gehen Sie in die Dusche, drehen Sie das Wasser auf, wie üblich auch!

Aber beginnen Sie nicht gleich wild herumzufuchteln und Ihren Körper dem Reinigungsritual zu unterziehen, sondern spüren Sie das fließende Wasser auf Ihrer Haut, auf Ihrem Kopf!

Stellen Sie sich nun vor, Sie stehen unter einer Licht- und Golddusche!

Licht und Gold fließen in Sie hinein und erfüllen Sie mit allem, was sich gut anfühlt, reinigt Sie, erhellt Sie, löst alles aus Ihnen heraus und spült alles aus Ihnen heraus, was nicht gut ist, was sich nicht gut anfühlt, auch Wut, Trauer, Aggression, Unbehagen, Unwohlsein, Mangel, Sorgen, Nöte, und was Ihnen so noch Unschönes einfällt!

Lassen Sie diese, ich nenne es mal „Aspekte oder Themen", einfach aus sich herauslaufen, und dort, wo vorher etwas war, was Sie nicht in sich haben wollten, fließt jetzt reines goldenes Licht, Liebe, Gesundheit und Harmonie hin und erfüllt dort den ganzen Raum!

Beobachten Sie weiter und vollziehen Sie nach, dass die „Gold-Dusche" Sie äußerlich umhüllt, einhüllt und so einen Schutzmantel um Sie herum erschafft, der Sie behütet und leitet, und der alles von Ihnen fernhält, was Ihnen nicht guttut und von allem, was Sie nicht haben und erleben wollen!

Erfühlen Sie damit gleichzeitig, dass Sie mit dieser Licht- und Goldummantelung gesegnet sind und erfühlen Sie hierfür, wenn möglich, ein tiefes Gefühl der Dankbarkeit!

Manifestieren Sie bildlich das Licht und Gold in Erscheinung und als Gefühl fest in sich und gehen Sie mit dieser Vorstellung durch Ihren Tag!

Vielleicht machen Sie sich die glückliche Mühe und achten einmal darauf, was dadurch in Ihrem Tagesablauf geschieht, und auch, was plötzlich nicht mehr geschieht!

Und wenn Sie Lust haben sich mitzuteilen, dann freue ich mich von Ihnen und von Ihren grandiosen schönen Erfahrungen zu hören!

Verwenden Sie gerne die Mail-Adresse:

info@akademie-fsl.de

mit dem Stichwort: „Feedback Licht- & Gold-Dusche-Ritual - meine Erfahrungen"!

Ich freue mich, von Ihnen zu hören und werde mich, wenn es mir zeitlich möglich ist, zurückmelden!

Weiter geht es zur nächsten Übung!

5. DAS BODYLOTION-RITUAL

Streicheleinheit und SanftMUT
und Liebe für dich,
für deinen Körper
und für deine Seele!

Nimm dir Zeit!

Wer sich liebt und sich jeden Morgen eincremt, mit Body-
lotion oder was auch immer, der nimmt sich die Zeit für
sich, für seinen Körper und für ein wundervolles Wohl-
gefühl!

Hier muss ich eigentlich gar nicht viel sagen!

Insofern Sie noch unbekleidet sind, nehmen Sie das zur
Hand, womit Sie Ihren Körper, Ihre Haut, beglücken
wollen, und beginnen, wie immer zu handeln.

Hierbei beachten Sie allerdings, dass Sie sich erstens einmal wirklich Zeit nehmen, zweitens Sie sich einmal bewusst
fühlen, in der Hand Ihren Körper, und mit Ihrem Körper
Ihre Hand. Ja, das sind tatsächlich zwei Paar Schuhe, wie
Sie feststellen werden.

Und in und mit dieser Unterscheidung, genießen Sie einmal, sich selbst in aller Ruhe zu verwöhnen! Hiermit meine
ich jetzt nicht die sexuelle Komponente, sondern die liebe-
VOLLE, indem Sie sich selbst beim Eincremen, mit dem
Gefühl der Liebe und der Zärtlichkeit, sanft und voller

Harmonie annehmen, sich lieben, ehrlichen Herzens, und Sie sich voller Glücks- und Liebesgefühle während des Eincremens quasi in sich hineinlegen!

Für jemanden, der mit sich selbst nichts anfangen kann, oder der seine eigene Sexualität bisher verleugnet oder innere Konflikte hat, und dadurch Schwierigkeiten hat, sich selbst so anzunehmen, wie er ist, für den KANN sich diese Übung eventuell nicht ganz so einfach anfühlen! Aber verzweifeln Sie nicht, sondern üben Sie sich!

Denn wissen Sie was, also wenn es einen Gott gibt, und ich denke den gibt es, zumindest den göttlichen Funken in uns selbst, dann sind Sie diesem, so wie Sie sind, genau richtig! Also hören Sie endlich auf, sich selbst zu kritisieren und an sich herumzumäkeln!

So, wie Sie sind, sind Sie einzigartig! Sie müssen sich nicht mit anderen vergleichen oder so werden wie andere, denn dann sind Sie ja nicht mehr Sie selbst, sondern einfach nur eine billige und schlechte Kopie eines anderen! Das sollten Sie sich sparen und daran arbeiten, mit sich selbst glücklich zu sein, so wie Sie sind!

Und sind Sie es nicht, kein Problem, dann arbeiten Sie doch einfach an sich und ändern Sie für SICH das, was Ihnen an Ihnen nicht gefällt!

Aber, mein Rat, nicht um so zu werden, wie jemand anderes, sondern um der zu werden, der Sie schon immer sein wollten und er Sie schon immer waren! ...

... SO, dass SIE glücklich sind!

Vielleicht essen Sie einmal weniger oder anders, vielleicht bewegen Sie sich mal mehr oder beginnen konsequent Sport zu machen. Oder, oder…

Weiter geht es zu meiner Lieblingsübung!

Ach was soll's, wissen Sie, ganz ehrlich:

Ich finde einfach alle Übungen hier mega, denn sie helfen so viel Motivation und Power zu erschaffen, sodass das Leben einfach nur noch super ist und mega viel Spaß macht!

Aber machen Sie am besten Ihre eigenen Erfahrungen!

Weiter geht es mit dem Kleidungs-Ritual!

Platz für Ihre Notizen:

6. KLEIDUNGS-RITUAL

Glück wirklich „anziehen",
sowie Liebe, Harmonie, Frieden,
Gleichklang, Fülle, Reichtum, Gesundheit, …

Diese Übung hier finde ich besonders gut und es juckt mich jeden Tag, die Ergebnisse dieser Übung bewusst wahrzunehmen, weil man hier immer wieder das Gefühl hat, es geschehen Wunder!

Zudem können Sie hier die Erfahrung machen, dass Sie eine Lebensenergie in sich haben, mit der Sie eine Resonanz-Bugwelle erzeugen können, und so automatisch Dinge, Situationen und Begebenheiten in Ihr Leben ziehen, für die andere schwer schwitzen müssen, und / oder nie erreichen!

Wie funktioniert diese Übung?

Alles in dieser Schöpfung ist Frage und Antwort zugleich. Alles ist durchdrungen vom Gesetz der Resonanz! Alles, was Sie tun und auch nicht tun, ist ein Auftrag an das Universum, an das Leben. Und Sie erhalten in Quantität und Qualität das zurück, was Sie aussenden, was Sie aufgrund Ihres Denkens, Fühlens und Handelns verursachen!

So schieben Sie auch eine energetische Welle vor sich her, jeden Tag und in jedem Augenblick. Man könnte diese Welle auch energetische Signatur nennen. Und diese Welle bestimmt, was auf SIE und auf Ihr Sein, auf Ihr Denken,

Fühlen und Handeln antwortet. Hinzu kommt noch die Intensität, also die Power der Bugwelle, die Sie maßgeblich beeinflussen können!

Zur Praxis:

Sie ziehen nicht mehr einfach nur Kleidung an, sondern Sie überlegen sich vor dem Anziehen genau, was Sie heute haben und erleben wollen, was Sie in Ihr Leben ziehen wollen!

Haben Sie gedanklich gefunden, was das ist, versuchen Sie diese Wünsche und Vorstellungen zu erfühlen und mit Lebens-Energie zu erfüllen! Je intensiver, umso besser!

Und erst jetzt beginnen Sie sich anzuziehen. Jedoch ziehen Sie keine Kleidung an, Sie ziehen keine Hose und kein Hemd oder sonst etwas an! Sie ziehen beispielsweise, wenn das einer Ihrer Wünsche für den heutigen Tag ist, Liebe an, oder eine LiebeVOLLE Begegnung, oder eine Lösung für ein Problem, WÄHREND Sie Ihre Hose anziehen!

Wenn Sie dann beispielsweise zur Oberbekleidung kommen, können Sie entweder das Gleiche noch einmal anziehen, oder Sie fügen noch etwas hinzu, was Sie sich wünschen, was HEUTE stattfinden soll oder was Sie haben /in Besitz nehmen wollen!

WICHTIG ist, dass Sie es FÜHLEN, und bitte nicht nur denken! Fühlen Sie es, fühlen Sie den Wohlstand, wenn Sie diesem heute begegnen wollen und dieser in Ihrem Leben stattfinden soll!

Und SORRY, wenn ich es noch einmal betone:

Bitte FÜHLEN! Wichtig!

Wie kann das jetzt wirken?

Recht einfach! Wir sprachen eben von der energetischen Bugwelle, die Sie vor sich herschieben. Und wenn Sie die selbst kreierten Wünsche energetisch (mit Gefühl) angezogen und verinnerlicht haben, dann tragen Sie MIT der Kleidung, die Sie tragen, energetisch den ganzen Tag diese Energie in sich und auf sich, und schieben diese Energie als Welle vor sich her!

Jetzt kommt wieder die Resonanz ins Spiel! Je stärker Sie gefühlt Ihre Wünsche, vertretend mit Ihrer Kleidung, angezogen haben, desto mehr Erfüllung dieser Wünsche werden Sie erleben!

Und dann werden auch Sie erleben, wie leicht Glück verursachen, im Sinne von Wunsch- oder Situations-Erfüllung, ist! Da passieren einfach so Wunder, ganz ohne Anstrengung! Und nach wie vor finde ich es Wahnsinn und es zaubert mir selbst immer noch jeden Tag ein Lächeln ins Gesicht!

Und ich hoffe Ihnen ab sofort auch!

Weiter geht es zur Verantwortung für das eigene Leben, und damit auch der Verantwortung, ob in Ihrem Leben Unglück oder Glück geschieht!

Platz für Ihre Notizen:

7. BEWUSST HANDELN

Nicht mehr das Unterbewusstsein die Dinge machen
lassen, sondern auf der Schiffs-Brücke bleiben,
das Steuer in den Händen halten,
steuern und Ziele bestimmen!

Ich hatte es schon, hier und da, in den vorherigen Übungen
angesprochen!

SIE allein sind dafür verantwortlich, was in Ihrem Leben
geschieht. Und es ist egal, worum es sich dreht, um was
es geht, alles, spiegelt in Ihrem Leben wider, was Sie
entschieden oder auch nicht entschieden haben!

Ob Sie also auf der Brücke Ihres Lebensschiffes waren oder
nicht, ob SIE das Steuer in der Hand hatten, oder einem
anderen unbewusst überlassen haben, können Sie hier erkennen!

Das Großartige ist, auch schon einmal gesagt: Wenn Ihnen
in Ihrem Leben etwas nicht gefällt, kein Problem, Sie können es jederzeit und sofort ändern!

Was sind die Fakten:

95 % der Dinge, die wir im Leben erleben, werden von unserem Unterbewusstsein gesteuert, verursacht, genauer
gesagt von den Programmen, die dort gespeichert und
verankert sind!

Wenn Ihnen Ihre Eltern 18 bis 25 Jahre lang still und heimlich vorgelebt haben, dass man im Leben für Geld hart arbeiten muss, werden Sie genau DIESE Erfahrungen machen. Und Sie wundern sich, warum so manch anderem alles in den Schoß fällt, und Sie für 2,50 € so hart ackern müssen!

5 % der Lebensumstände werden von unserem Bewusstsein bestimmt! Totaler Wahnsinn! Oder(?)!

Was bedeutet das in der Praxis?

Es gibt zwei Wege, damit das in Ihrem Leben stattfindet, was Sie haben und erleben wollen, und damit nicht mehr das stattfindet, was Sie nicht haben wollen.

Hier ist der Erste, der Mühevolle: Sie gehen in sich und stellen fest, welche Muster und Prägungen Sie erhalten haben, welche Muster in Ihnen gespeichert sind und wie SIE und die Muster in Ihnen und in Ihrem Leben funktionieren!

Haben Sie das festgestellt, beginnen Sie mit Bewusstsein darauf zu achten, wann diese unerwünschten Muster das Ruder übernehmen und stoppen sofort jede Handlung und jedes Denken und auch jedes Fühlen, was von diesem Muster ausgeht!

Zudem üben Sie sich, jeden Tag mehr und mehr zu Bewusstsein zu kommen und aus den 5 % täglich mehr Prozent zu machen!

Das bedeutet natürlich, öfter, als gewohnt, auf der Brücke zu sein und das Steuer in der Hand zu halten, und so natürlich SELBST zu bestimmen, ganz BEWUSST, wohin Ihr Lebensschiff fahren soll!

Der etwas leichtere, zweite Weg erfordert mehr Bewusstsein!

Hierbei achten Sie einfach nur darauf, jeden Tag extrem mehr und mehr bei Bewusstsein zu sein und mit Bewusstsein darauf zu achten, dass SIE bestimmen, was JETZT gerade geschehen soll, und jetzt, und jetzt, und auch jetzt!

Heißt: Quasi in jedem Augenblick! Heißt: Wenn Sie essen, essen Sie. Wenn Sie Auto fahren, fahren Sie, wenn Sie reden, reden Sie! Usw.

Sie nehmen also das Steuer in die Hand, in Ihre Hand, übergeben es nicht mehr einem anderen (Ihrem Unterbewusstsein), und bestimmen ständig und in jedem Augenblick, was geschehen soll, wohin IHR Lebensschiff fahren soll! Ausgenommen sind hier selbstverständlich die üblichen Körperfunktionen, wie Herzschlag usw.

Welchen Weg Sie einfacher empfinden und welchen Sie gehen, bleibt Ihnen überlassen! Vielleicht probieren Sie einmal beide aus und finden heraus, was für SIE am besten funktioniert und sich gut anfühlt!

„Es nützt nichts, einen Weg zu gehen,
der nicht der eigene ist!
Chris Hohlstamm von Dehnen“

Und auch hier entsteht Glück ganz bewusst, wenn Sie es schaffen, das Steuerrad täglich und stündlich mehr und mehr in der Hand zu behalten!

Und weiter geht es mit der Übung, bei der Sie Ihre Mitmenschen erfolgreich einbeziehen!

Platz für Ihre Notizen:

8. WORTGESCHENKE MACHEN

… verteilen / verschenken:
Sagen Sie Gutes, Schönes, Heilendes,
Motivierendes, Dankbarkeit sagen und zeigen, …

Auch hier ist es kein Hexenwerk, Glück zu verursachen oder unten die Leute zu bringen!

Die Übung erfordert lediglich, dass Sie sich trauen und in die Umsetzung derer kommen, was im Prinzip ganz leicht ist! Und haben Sie sich diese Übung erst einmal angewöhnt, dann werden wahrscheinlich auch Sie danach süchtig werden!

Und es steht ja schon in der Überschrift:

Machen Sie Wortgeschenke, und zwar dort, wo Sie anderen begegnen! Wichtig ist hier ehrlich zu sein und keinen Quark oder unehrlich schmeichelnden Käse zu erzählen, denn sonst geht der Schuss nach hinten los!

Wenn Sie das, was Sie gerne als Wortgeschenk machen wollen, nicht fühlen können, ist es besser nichts zu sagen!

Hierzu habe ich ein verwandtes und schönes Beispiel vom

Dalai Lama:

„Wenn du nichts Gutes über einen anderen zu sagen weißt, dann sage lieber gar nichts!"

Wenn Ihr Wortgeschenk nicht aus dem Herzen kommt, dann lassen Sie es am besten, wo es ist!

Aber vielleicht geht es Ihnen so wie mir:

Wenn ich z.B. einkaufen gehe, bedanke ich mich immer bei den Menschen, die die Regale einräumen, die an den Kassen sitzen oder sonst etwas tun, dafür, dass sie ihren Job machen. Denn nur hierdurch habe ich ja die Möglichkeit, überhaupt einkaufen zu können!

Gelegentlich schnappe ich mir auch mal einen LKW-Fahrer und bedanke mich, dass er/sie seinen/ihren Job macht, denn ...! OK?!

Es gibt so viele Dinge, für die man sich bedanken kann und nichts sollte als selbstverständlich hingenommen werden, außer vielleicht, dass Sie sich bedanken!

Und am besten ist es immer noch, sich für die Freundlichkeit zu bedanken! Gerade, wenn jemand unfreundlich ist, und Sie bedanken sich für die Freundlichkeit, und lassen in diesem Moment Liebe fließen, erreicht Ihre Liebe Ihr grummeliges Gegenüber, verhilft diesem zu Bewusstsein zu kommen und bringt ihn/sie zum Lächeln!

Probieren Sie es einfach aus, es bewirkt wahre Wunder und erschafft ein wundervolles Glücksgefühl für alle Beteiligten! Kommen wir zur Abschluss-Übung, dem Großreinemachen und der Neuerschaffung Ihres Lebens!

9. IHRE PERSÖNLICHE TAGESSCHAU

Rückblick und Korrektur
Auflösen und loslassen, was nicht so schön wa(h)r
In Besitz nehmen, was gut und richtig gut wa(h)r!

Am Ende eines jeden Tages kann es richtig gut sein, noch einmal alles Revue passieren zu lassen, was in den vergangenen 24 Stunden geschehen ist!

Ich nenne es das Großreinemachen!

Wenn Sie im Garten in der Erde buddeln oder am Auto schrauben, ist die Wahrscheinlichkeit sehr hoch, dass Sie sich anschließend die Hände waschen! Mit den Dingen, die wir in unserem Leben erleben, sieht das meistens anders aus, leider und komischerweise!

Wäre es nicht auch durchaus erstrebenswert, jede Energie von erlebter Missstimmung und Disharmonie direkt aufzulösen, bevor sich diese in Ihnen festigt und festsetzt, und am Ende sogar als Muster abgespeichert wird?

Ja, natürlich ist es das! Denn jeder, der nach dem Glück sucht und glücklich werden will, ist doch bestrebt, alles das, was gut ist und sich gut anfühlt, in sein Leben zu ziehen und zu erLEBEN! Was sollen dort also Störfaktoren, die am Ende das mögliche Glück mindern oder gar zunichtemachen(?)!

Hierfür gibt es die Tagesrückschau, ähnlich wie bei der Tagesschau. Wir können sie auch „Ihre persönliche Tagesschau" nennen, bei der Sie sich alles heute erlebte noch einmal bewusst machen und beginnen akribisch auszusortieren, was Sie als gut abspeichern und behalten, und was Sie als schlecht oder schädlich empfunden, loslassen wollen!

Das genau ist die Aufgabe, um innerlich aufzuräumen und die Harmonie in allen Bereichen Ihres Lebens wieder herzustellen, sodass Sie innerlich sauber, in Gleichklang und Liebe mit sich und der Welt schwingen!

Werden Sie sich bewusst, dass jede Missstimmung in Ihnen genauso wirkt, wie jede positive Stimmung, nur halt eben gegen Sie und gegen das Glück, gegen Wohlstand und gegen alles, was Sie als gut empfinden!

Warum sollten Sie also am Ende eines jeden Tages nicht innerlich aufräumen(?)!

Wie sieht die Praxis aus?

Nehmen Sie sich am Ende des Tages Zeit, nur für sich selbst, um noch einmal alles erlebte, Revue passieren zu lassen.

Hierfür finden Sie einen Platz, an dem Sie möglichst ungestört sind und 10 bis 20 Minuten Zeit haben!

Setzen Sie sich bequem hin, schließen Sie Ihre Augen und gehen Sie in die Stille!

Aktivieren Sie gedanklich und bildlich Ihren geistigen Bildschirm und gehen Sie in der Zeit zurück zum Morgen, an den Zeitpunkt, an dem Ihr Tag begonnen hat, im Bett, als Sie wach geworden sind.

Gehen Sie von diesem Zeitpunkt ab durch Ihren erlebten Tag, Situation für Situation und erleben Sie diesen im Schnelldurchlauf mit seinen Ereignissen, Emotionen und auch mit den dazugehörigen Gedanken, die Sie hatten.

Achten Sie hierbei darauf, die willkommenen, schönen von den unliebsamen Erlebnissen zu unterscheiden.

Dabei schicken Sie ganz viel freudige Energie zu den willkommenen Erlebnissen des Tages und geben Sie diesen das tiefe und innige Gefühl der Dankbarkeit hinzu!

Für die nicht willkommenen, die unschönen Ereignisse, gibt es zwei Schritte, die zu tun sind:

1. Schritt:

Sie gehen in das Ereignis, in die Situation hinein, und erleben diese als positiv um! Das heißt, stellen Sie sich vor, wie diese Situation positiv ausgesehen hätte und geben Sie dann auch der umerlebten Situation ein positives Gefühl hinzu!

2. Schritt:

Lässt sich die Situation nicht umerleben, erkennen Sie auf Ihrem geistigen Bildschirm, wie Sie mit einer „Lebensschnur" mit diesem Ereignis verbunden sind.

Stellen Sie sich die entsprechende Situation möglichst intensiv vor, auch mit den Emotionen, und schneiden Sie dann die Verbindungsschnur mit einer Schere durch. Sehen Sie, wie sich das Ereignis von Ihnen entfernt, immer weiter, bis es am Horizont verschwunden ist.

Erfühlen Sie dann das Gefühl von erlöst sein und Freiheit, von Harmonie und tiefer Liebe für Sie selbst!

Sie können auch beide Schritte kombinieren. Wichtig ist, dass es für Sie praktisch anwendbar ist und Sie dabei ein Gefühl von Stimmigkeit empfinden! Es gibt hier also kein Richtig oder Falsch, sondern sollte einfach nur gut sein und sich für Sie am Ende gut anfühlen!

Nachdem Sie die unschönen Erlebnisse aufgelöst und die schönen mit frischer und neuer Lebensenergie versorgt haben, planen Sie den nächsten Tag, MORGEN!

Erleben Sie hierbei den bevorstehenden Tag im Voraus mit allen Einzelheiten und fühlen Sie auch schon voraus! So erzeugen Sie bereits jetzt schon eine positive Bugwelle, die am nächsten Morgen durch die vorher beschriebenen Rituale extrem verstärkt werden!

So stellen Sie sicher, dass Sie nicht nur das erleben, was SIE in IHREM Leben erleben wollen auch erleben, sondern auch Glück empfinden und mehr und mehr mit sich vollkommen in Einklang kommen!

Sicherheitshalber will ich hier noch einmal ganz klar sagen, dass Denken super ist, aber in Ihrem Leben noch nichts bewegt, oder nicht wirklich viel!

Sie MÜSSEN in die Praxis gehen, wenn Sie Ergebnisse und ein selbstbestimmtes Leben haben wollen, denken allein reicht da nicht aus, auch wenn es ein Anfang ist!

Platz für Ihre Notizen:

MEIN GESCHENK FÜR SIE, SCHLUSSWORT UND DIE BESTEN TIPPS

Nichts auf diesem Planeten passiert einfach nur so oder durch Zufall! Und SIE haben es in der Hand, was als Nächstes in Ihrem Leben geschieht!

Vielleicht haben Sie das bis hierhin auch erkannt, und ja, es kann so einfach sein! Und wenn Sie jetzt an der Stelle sind, dass Sie bereits die ersten Erfolge haben, dann lohnt es sich auf jeden Fall dranzubleiben und das Beste aus Ihrem Leben zu machen!

Hierbei möchte ich Sie gerne unterstützen, denn ich weiß ganz genau, wie es ist und wie es sich anfühlt, wenn man bereit ist, sein Leben in die Hand zu nehmen, einfach mehr vom Leben haben will und nicht so genau weiß, wo der Weg dorthin ist und wie es am leichtesten und am besten funktioniert, dass Sie auch alle Ihre Ziele erreichen, inklusive natürlich die Erfüllung des Lebens, das Sie sich insgeheim wünschen!

Hierbei möchte ich Ihnen das Beste und effektivste mitgeben, was es derzeit gibt! Denn wenn Sie schon bereit sind in die Aktion zu gehen, dann sollte das doch auch effektiv, kurz und mit minimalem Zeitaufwand geschehen, denn Ihre Lebenszeit ist ein unwiederbringliches Gut und sollte deshalb intelligent genutzt werden!

Darum habe ich extra für Menschen, die etwas erreichen WOLLEN, nicht möchten, sondern wollen, diesen einzigartigen Onlinekurs erstellt, der Ihnen hilft, in kürzester Zeit

Ihre Lebensenergie zu fokussieren, Ihre Ziele genau zu definieren, und das, was Sie haben wollen und sich wünschen, effektiv zu manifestieren! Hierbei habe ich bewusst darauf geachtet, dass Sie mit diesem Onlinekurs nicht beschäftigt werden, sondern dieser Ihnen klare Sofortergebnisse beschert!

Mein Motto:
Warum kompliziert,
wenn es auch einfach und schnell geht!

Aus über 30 Jahren Praxiserfahrung, in Life & Balance, erhalten Sie hier für Ihr erfülltes und glückliches Traumleben meinen Onlinekurs „Die 3 Säulen der Manifestation" als Special-Deal, damit Sie alle Ihre Ziele sicher erreichen und sich die Wünsche erfüllen, die Sie schon so lange in Ihrem Bewusstsein tragen!

Für dieses einmalige Angebot geben Sie den Link in Ihrem Browser ein:

www.akademie-fsl.de/special-deal-manifestation

oder scannen Sie
mit Ihrem Handy
den QR-Code

Mehr Infos für Ihr Traumleben erhalten Sie unter:

www.akademie-fsl.de/lebensquell/

Und jetzt wünsche ich Ihnen viel Erfolg und grandiose und einzigartige Ergebnisse mit Ihrem Onlinekurs „Die 3 Säulen der Manifestation“, sowie ein einzigartiges und wunderschönes Leben, dass Ihnen Spaß macht und vor allen Dingen eines, dass Sie jeden Tag in vollen Zügen genießen können!

Herzliche Grüße und Ihnen eine gute Zeit!

Ihr

Chris Hohlstamm von Dehnen z. W.

Platz für Ihre Notizen:

Das haben andere erlebt:

"Absolut unglaublich!"

Verzeihung, wenn ich das so offen sage, aber natürlich habe ich gedacht, dass das so ein üblicher Wunscherfüllungs-Schwachsinn ist, wie allseits bekannt! Und ich dachte, naja, bei dem Preis kann ich nicht viel verlieren! Aber alles, was ich gedacht habe, musste ich zum Glück über den Haufen werfen! Und ich finde es so phänomenal!

Noch heute frage ich mich, wie man so viel wissen kann und wie Du Chris es schaffst, so viel bei Deinen Teilnehmern in den dunklen Ecken an Misserfolgs-Programmen zu entdecken!

Mir sind nach dem Workshop Dinge passiert, die glaubt einem keiner, wie Chris schon immer sagt! Wenn du noch nicht an Wunder glaubst, nach dem Workshop tust du es und der Workshop ist alles andere wie seicht oder langweilig!

Und hey, Chris, das war eine geile Zeit und ist es für mich jeden Tag neu! Vielen Dank für die irre F[…] Infos, Methoden und alles, was du geliefert has[…] fach absolut stark und jedem zu empfehlen!

Vielen, vielen Dank! I'am so happy!

Sven M.

★★★★★

"Schon lange nicht mehr so gelacht!"

Und das meine ich gar nicht negativ! Im Nachhinein habe ich gemerkt, wie alt und tot ich eigentlich schon war, und wie sehr ich mit meinem depressiven Leben schon abgeschlossen hatte! Weil wenn du dir nur ständig Sorgen machen musst, ist das doch kein Leben!

Mit dem Wissen aus dem Workshop habe ich also nicht nur meine Finanzen in den grünen Bereich gebracht, sondern auch meine Lebensfreude und vor allen Dingen mein Lebensglück wiedergefunden! Jaaaa, ich lebe wieder und ich bin dir Chris so unendlich dankbar, das glaubst du gar nicht!

Und du hast recht, wer den Kurs nicht macht, kann nur geisteskrank sein, denn ich weiß JETZT, was der so unglaublich bewirkt!

Ganz lieben Dank, lieber Chris, für diese Zeit für ein ganz neues Bewusstsein!

"Hammer Energie!"

Webinare und Coaches habe ich schon viele gesehen, aber Chris schießt echt den Vogel ab! Die Hammer-Energie, die der Typ rüberbringt, mal abgesehen von dem rübergebrachten Content, ist einfach unbeschreiblich!

Vielen Dank für die erlebte Zeit! Immer wieder ein gewinnendes Erlebnis!

Simon K.

★★★★★

"Absolut umwerfende Ergebnisse!"

Ich dachte mich haut's weg! Was Chris in seiner echten und authentischen Art ruber bringen, ist schon mal DIE Hausnummer! Und was ich nach Anwendung der Methoden und Tipps raus bekommen habe, ist der Knaller! Mit solchen absolut umwerfenden Ergebnissen hätte ich nie gerechnet!

Ganz liebe Grüße!

Daniela M.

★★★★★

[...] unbezahlbar!"

[...] zu teuer wäre, sondern eher das Gegenteil!

Eigentlich müsste er mit diesem Umfang und mit diesen Ergebnissen, die man daraus produzieren kann, 3.000 € kosten! Aber ok, ich hoffe nur, dass das alle erkennen, wie wertvoll Du lieber Chris bist und wie wertvoll die Inhalte und Praxistools sind, die Du in Deinem Workshop lieferst!

Der Workshop hat für mich alles so einfach und leicht gemacht! Wie oft habe ich es mir schwer gemacht und ebenso schwer alles erarbeitet! Und jetzt, nach dem Workshop kommt mir vor wie in einer vollkommen neuen Matrix! Irgendwie habe ich das Gefühl, ich bin jetzt erst im echten Leben angekommen!

Ich habe vollkommen neue Glaubenssätze, ich habe komischerweise immer genug Kohle und mein Vertrauen in das Leben ist ein anderes, als ich es kennengelernt habe! Kurz und gut: Mir geht es saugeil, sorry, wenn ich das so sage, aber das ist jetzt nun mal Fakt und ich finde es einfach supergut!

Und wer überlegt den Workshop zu machen und noch zweifelt, dem kann ich nur sagen: Hör auf zu zweifeln, mach es! Du kannst bei Chris nur gewinnen! Der Typ ist der Hammer! Und wenn Du schlau bist und es das Premiumticket noch gibt, dann hol dir das, weil dir das persönliche Training noch einmal einen richtigen Schub gibt!

Ich sage DANKE und herzliche Grüße an Dich, Chris!

[...]n S.

★★[...]

"Was war denn das Alter?"

Also eines steht auf jeden Fall fest:

Seit dem Intensiv-Workshop ist mein altes Leben auf nie mehr Wiedersehen verschwunden, wohin auch immer! Und das, was ich jetzt lebe und ja, auch erlebe, das ist, wie viele auch immer wieder sagen und ich vor dem Workshop nicht wirklich verstanden habe, DER Wahnsinn!

So einen Workshop, mit so viel Inhalt und so vielen geilen und effektiven Techniken und Methoden, die auch noch so einfach umzusetzen sind und so tierisch geile Ergebnisse liefern, so etwas habe ich in meiner ganzen Lebenszeit (57 J.) noch nicht erlebt!

An meiner Vergangenheit habe ich so lange geknabbert, und jetzt endlich gelöst, und ich erfahre gerade den diamantenen Frühling des Lebens! Erwartet hatte ich schon einiges, aber dass es so intensiv und SO füllig ist, und solche Ergebnisse zaubert, suuuuper!

Lieber Chris, sei aus tiefstem Herzen beda[…] und für Dein Wirken!

Myriam K.

★★★★★

"Endlich mal was, was funktioniert!"

Ich stehe nicht auf viel bla-bla! Darum hat es mich hier einmal wirklich gefreut, etwas an die Hand zu bekommen, was effektiv funktioniert und mich wirklich weiter bringt! Einfach Klasse und wunderbar! Ich bin begeistert! Wer Chris erlebt, weiß, was Lebensenergie und Feuer ist!

Herzliche Grüße!

Desirée L.

★★★★★